AF312754

SUCCESSION

DE

M. Achille LECLERCQ

ANTIQUAIRE

"A la Croix de ma Mère"

2ᵉ Vente

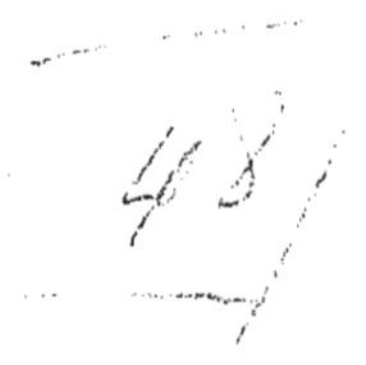

CONDITIONS DE LA VENTE

Elle sera faite au comptant.

Les acquéreurs payeront *dix pour cent* en sus des adjudications.

L'exposition mettant le public à même de se rendre compte de l'état des objets, aucune réclamation ne sera admise une fois l'adjudication prononcée.

CATALOGUE

DES

TAPISSERIES ANCIENNES

DES XVIe, XVIIe ET XVIIIe SIÈCLES

BORDURES

TABLEAUX ANCIENS

Pastels — Gouaches — Gravures — Peintures décoratives

Objets d'Art et de Vitrine

Terres cuites — Étuis — Boîtes — Coffrets — Sculptures sur ivoire

ÉVENTAILS

ARGENTERIE — BIJOUX ANCIENS

Bronzes d'Art et d'Ameublement

PENDULES — CHENETS — GIRANDOLES — FLAMBEAUX, ETC.

PORCELAINES & FAIENCES

MEUBLES ANCIENS

DES XVIIe ET XVIIIe SIÈCLES

SIÈGES & PARAVENTS GARNIS EN ANCIENNE TAPISSERIE

Bois sculptés

COLLECTION D'ÉTOFFES ANCIENNES

DÉPENDANT DE LA SUCCESSION DE

M. Achille LECLERCQ, Antiquaire

"A la Croix de ma Mère"

ET DONT LA VENTE, PAR SUITE DE DÉCÈS, AURA LIEU A PARIS

HOTEL DROUOT, SALLES N° 5 & 6

Les Lundi 14, Mardi 15 et Mercredi 16 Novembre 1904

à 2 heures

COMMISSAIRES-PRISEURS :

Me LAIR DUBREUIL   Me Henri SAULPIC

6, rue de Hanovre.   69, rue Sainte-Anne.

EXPERTS :

M. A. LOYER   MM. PAULME et B. LASQUIN

147, boulevard Saint-Germain.   10, rue Chauchat,—12, rue Laffitte.

EXPOSITION PUBLIQUE, Salles N°s 5 et 6

Le Dimanche 13 Novembre 1904, de 1 h. 1/2 à 6 h.

ORDRE DES VACATIONS

Lundi 14 Novembre

NUMÉROS.

Tableaux anciens. — Pastels. — Gouaches. — Gravures	1 à 30
Porcelaines. — Faïences.	46 à 73
Objets d'art et de Vitrine. — Éventails. — Argenterie. — Bijoux anciens. — Sculptures	74 à 150

Mardi 15 Novembre

Meubles anciens (partie des).	151 à 214
Étoffes anciennes. — Franges. — Galons	282 à 373

Mercredi 16 Novembre

Bronzes.	31 à 45
Meubles anciens (partie des).	151 à 214
Tapisseries. — Bordures.	215 à 281

Nota. — *La troisième vente de la Succession de M. Achille Leclercq aura lieu Hôtel Drouot, salle n° 6, les Lundi 19, Mardi 20 et Mercredi 21 Décembre 1904.*

TABLEAUX ANCIENS

PASTELS — GOUACHES — GRAVURES

Peintures Décoratives

DAVID
(Attribué à)

155 1 — *Le Miracle de saint Paul.*

Cadre en bois sculpté et doré Louis XIV.

HUBERT-ROBERT
(Genre de)

2 — *Ruines et Personnages.*

Deux petits tableaux décoratifs.

LÉPICIÉ

(Genre de)

3 — *Petit portrait de jeune Fille.*

Cadre sculpté et doré Louis XVI.

LOUTERBOURG (P.-J. DE)

4 — *Scène pastorale.*

Gravure de forme ronde, avant ia lettre, par Bartolozzi.

NETSCHER

(École de)

5 — *Petit portrait d'Homme.*

Panneau.

VERNET

(D'après CARLE)

6 — *Cosaque irrégulier portant des dépêches.*

Cadre en bois sculpté Louis XVI.

ÉCOLE FRANÇAISE

7 — *Deux Peintures décoratives dans le goût de Watteau.*

Encadrement de baguettes [en bois sculpté Louis XV.

ÉCOLE FRANÇAISE

8 — *L'Architecture.*

Peinture décorative
Trumeau.

ÉCOLE FRANÇAISE

9 — *Portrait de Femme du temps de Louis XVI.*

Toile ovale.
Cadre en bois sculpté.

ÉCOLE FRANÇAISE

10 — *Enfants oiseleurs.*

Dessus de porte.
Encadrement de baguettes Louis XV en bois
sculpté et doré.

2

ÉCOLE FRANÇAISE

DU XVIIIe SIÈCLE

11 — *Dessus de porte dans le goût de Lancret.*

Cadre sculpté et doré.

ÉCOLE FRANÇAISE

12 — *Vénus et Adonis.*

ÉCOLE FRANÇAISE

13 — *Sujet mythologique.*

Toile décorative. Dessus de porte.

ÉCOLE FRANÇAISE

14 — *Portrait de Femme tenant une lyre ; époque Louis XIV.*

Cadre sculpté et doré.

ÉCOLE FRANÇAISE

50/ 15 — *La Vierge aux Candélabres.*

Cadre en bois sculpté d'époque Louis XIII.

ÉCOLE FRANÇAISE

16 — *Le Feu; sujet allégorique.*

    Peinture décorative.
    Dessus de porte.

ÉCOLE FRANÇAISE

17 — *Jeux d'Enfants.*

    Trumeau.

ÉCOLE FRANÇAISE

18 — *Enfants jouant avec un Dauphin.*

    Petite peinture de trumeau en grisaille,

ÉCOLE FRANÇAISE

19 — *Basse-cour.*

    Deux pendants.

ÉCOLE FRANÇAISE

20 — *Jeune Femme du temps de Louis XVI*
    parée de perles.

    Pastel.

ÉCOLE FRANÇAISE

21 — *Portrait de jeune Fille.*

Pastel ovale.

ÉCOLE FRANÇAISE

22 — *Portrait de jeune Femme coiffée d'un bonnet.*

Pastel de forme ovale.

ÉCOLE FRANÇAISE

23 — *Enfant tenant des cerises.*

Pastel.

ÉCOLE FRANÇAISE

24 — *Jeune Femme vêtue de blanc, cueillant des roses.*

Petite gouache.

ÉCOLE HOLLANDAISE

25 — *Deux Tableaux.*

Paysages.

Gravures

---

26 — *Joseph and John Gulston.*

Gravure dans la manière noire, encadrée.

27 — *The March of Intellect.*

Costume de cour.
Deux pièces.

28 — *Le Mariage de Louis XIV, d'après Lebrun.*

29 — *Gravure dans un cadre Louis XIII en bois sculpté et doré.*

30 — *Quatre Gravures modernes, d'après les Estampes du XVIIIᵉ siècle.*

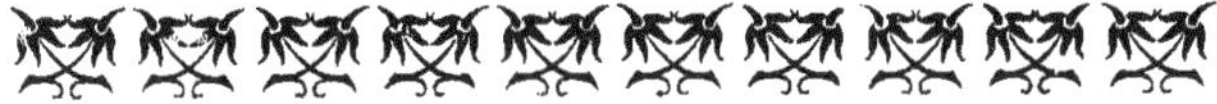

OBJETS D'ART

BRONZES

31 — Deux chutes de meuble en bronze ciselé et doré, masques de femmes. Époque Régence.

32 — Paire de petits chenets formés chacun d'un oiseau sur rocaille. en bronze. Époque Louis XV.

33 — Paire de petits chenets : enfants sur arcature rocaille en bronze. Époque Louis XV.

34 — Paire de petits chenets, modèle à rocaille en bronze. Époque Louis XV.

35 — Paire de girandoles à deux lumières, en bronze argenté. Époque Louis XV.

36 — Paire de flambeaux bronze ciselé et doré. Époque Louis XV.

37 — QUATRE PETITS SOCLES terrasses, formés de rocailles en bronze ciselé et doré. Époque Louis XV.

38 — PETITE PENDULE dont le cadran, signé *Gaussard*, horloger du roi, est supporté par un lion. Socle en bronze doré. Époque Louis XVI.

39 — PRESSE-PAPIER formé des attributs de l'Amour, en bronze patiné, sur socle ovale en marbre blanc orné de bronze doré. Époque Louis XVI.

40 — PETIT CHIEN en bronze finement ciselé et doré. Époque Louis XVI.

41 — PAIRE DE GIRANDOLES Louis XVI à trois lumières, en bronze ciselé.

42 — AUTRE PAIRE DE GIRANDOLES à deux branches, argentées.

43 — DEUX BRONZES : cheval et taureau sur terrasse, avec petits animaux.

44 — BRONZE d'après Barye : Lionne attaquant un cerf. Édition Susse.

45 — UN LOT D'ORNEMENTS en bronze pour meubles et pendules, tels que : chutes, entrées de serrures, anneaux, boutons, sabots, vases, amours, frises, socles, des époques Louis XV et Louis XVI.

(Ce lot sera divisé.)

PORCELAINES — FAÏENCES

46 — PETITE FIGURINE de fillette, en porcelaine de Saxe.

47 — STATUETTE : joueuse de cornemuse, en porcelaine de Saxe.

48 — CHIEN ÉPAGNEUL, en porcelaine de Saxe décorée au naturel.

49 — LION en porcelaine de Saxe décorée au naturel.

50 — NAVETTE ANCIENNE en ancienne porcelaine de Saxe, à décor de fleurettes.

51 — DEUX PETITS FLACONS en forme de chiens, en porcelaine de Saxe.

52 — STATUETTE de jeune garçon, en porcelaine de Saxe.

53 — PETIT BOUILLON en porcelaine de Saxe, décoré de paysages en réserves sur fond vert.

54 — GROUPE de deux petits chiens, en porcelaine allemande.

55 — FIGURINE en porcelaine allemande : *Prométhée sur son rocher.*

56 — FIGURINE de joueur de cornemuse, en porcelaine allemande.

57 — DEUX POTS A FARD en ancienne porcelaine allemande, à décor de paysages avec figures.

58 — Compotier creux en porcelaine tendre de Sèvres, décor à feuille de choux.

59 — Deux petits pots à crème, porcelaine de Sèvres, pâte tendre, décor analogue.

60 — Un fragment de plaquette en porcelaine tendre à fond bleu et paysage, et une plaquette de forme ovale en porcelaine de Sèvres décorée d'un bouquet de fleurs.

61 — Petit écureuil formant cachet, en porcelaine tendre, et un coquillage en forme d'œuf, monture en or.

62 — Petite cafetière en porcelaine de Paris, à décor de fleurettes.

63 — Petit service à thé, composé d'une théière, boîte à thé, cafetière, pot à lait, beurrier, trois tasses et soucoupes en porcelaine de Paris.

64 — Statuette de femme figurant le Printemps, en porcelaine tendre de Chantilly.

65 — Petite boîte en porcelaine tendre de Mennecey, blanc gaufré, monture en argent.

66 — Pot-pourri avec son couvercle, en ancienne porcelaine de Chine, décoré de sujets familiers.

67 — Baguier formé d'une coupe supportée par deux enfants enlacés, en porcelaine de Capo di Monte.

68 — Aiguière et sa cuvette en faïence de Rouen, à décor polychrome.

69 — Porte-huilier en faïence de Strasbourg et burettes en verre gravé.

70 — Figurine d'homme debout, en faïence de Lunéville.

71 — Pot a eau en faïence genre Delft, décor polychrome et or.

72 — Deux fragments de poêle en terre cuite émaillée. Époque Louis XIII.

73 — Groupe de trois enfants, en biscuit.

OBJETS D'ART & DE VITRINE

ÉVENTAILS — ARGENTERIE — BIJOUX ANCIENS

SCULPTURES

74 — Six étuis en vernis Martin. Montures or et argent avec sujets galants, paysages et animaux. Époque Louis XVI.

75 — Trois boites et un dessus de boîte de forme ronde en celluloïd, vernis Martin, écaille brune et bois avec miniatures, portrait de femme et scène d'intérieur.

76 — Coffret à odeur en bois de rose garni de quatre flacons et objets divers.

77 — Deux petits Christ en ivoire du xviie siècle.

78 — Petit Christ en ivoire sur croix en bois noir, avec tête et os de squelette. xviie siècle.

79 — Christ en ivoire sculpté sur croix en bois doré, xviie siècle.

80 — CHRIST en ivoire sur croix en bois noir. XVIIe siècle.

81 — TROIS CHRIST en ivoire, sur croix bois noir et marqueterie. XVIIIe siècle.

82 — PORTRAIT présumé de Diane de Poitiers, en fer repoussé patiné et doré. Cadre bois sculpté Louis XIII.

83 — GRANDS ÉCRINS ou étuis en galuchat ancien, de formes diverses.

84 — BUSTE de femme avec haute coiffure, sur fût de colonne en plâtre. Époque Louis XVI.

85 — BUSTE en terre cuite d'après Pajou : *Madame du Barry*.

86 — SOCLE de pendule de forme rectangulaire et cintrée aux extrémités, en marbre blanc orné de bas-reliefs à sujets d'amours en bronze ciselé et doré. Époque Louis XVI.

87 — GAINE en marbre de couleurs.

88 — GAINE en marbre rouge veiné.

89 — DEUX FÛTS DE COLONNES en granit gris, sur socle en marbre blanc.

90 — FEUILLE D'ÉVENTAIL du temps de Louis XIV, peinte à la gouache : *Fête villageoise*.

91 — ÉVENTAIL du temps de Louis XV, feuille à la gouache. *le Jugement de Pâris*. Monture en ivoire peint.

92 — ÉVENTAIL du temps de Louis XV, feuille à la gouache, *les Vendanges*, monture en nacre incrustée d'or.

93 — Éventail du temps de Louis XV, feuille à la gouache : *Berger et bergère faisant une offrande à l'Amour*. Monture en ivoire ajouré et incrusté.

94 — Éventail du temps de Louis XV, feuille à la gouache : *les Fiançailles*. Monture en nacre et ivoire ajouré.

95 — Deux éventails du temps de Louis XV, peints à la gouache, l'un avec trois médaillons à personnages sur fond bleu. Monture en ivoire et nacre.

96 — Deux éventails du temps de Louis XV, feuilles peintes à la gouache : *Vénus et Bacchus*. Monture en nacre.

97 — Deux éventails du temps de Louis XV, feuilles à la gouache, représentant un sujet pastoral et un sacrifice à une déesse. Monture en ivoire et nacre.

98 — Éventail du temps de Louis XVI, feuille à la gouache : *Autel de l'Amour*, et broderie. Monture en ivoire avec incrustations.

99 — Éventail du temps de Louis XVI, feuille à la gouache, *Scène familiale dans un parc*. Monture en ivoire découpé et peint.

100 — Lot de onze éventails anciens. Monture ivoire, nacre, etc.

101 — Soupière avec son couvercle en argent repoussé et doré, à sujets de bas-reliefs. Style Renaissance.

102 — Deux petits baguiers en argent ciselé; l'un formé d'un Dauphin sur roue, supportant une coupe avec amour, l'autre formé d'une brouette poussée par un amour. Époque Louis XIV.

103 — VERSEUSE de style Louis XV à godrons en spirale argent repoussé; manche en bois noir.

104 — DEUX PETITES CORBEILLES de style Louis XV en argent repoussé.

105 — TROIS TABATIÈRES en argent ciselé. Louis XVI.

106 — DEUX BÉNITIERS en argent repoussé et ciselé, de l'époque Louis XVI : *Sainte femme au pied de la croix* et la *Descente de croix*.

107 — DEUX SALIÈRES Louis XVI en argent et garniture de verre bleu.

108 — HUIT SALIÈRES Louis XVI en argent et métal.

109 — CAFETIÈRE style Louis XVI en argent avec guirlande repoussée.

110 — LÉGUMIER avec son plateau et son couvercle de style XVIIIe siècle.

111 — TROIS PAIRES DE PENDANTS D'OREILLES en argent orné de strass. Époque Louis XV.

112 — DEUX CANNES avec pommeaux en or ciselé de style Louis XV.

113 — CINQ TOURS DE COU en argent et strass simulant des rubans et des fleurs. Époque Louis XVI.

114 — TROIS PETITES BOUCLES de l'époque Louis XVI, de forme rectangulaire et octogonale. Monture en argent et partie or, ornées de strass.

115 — Quatre agrafes de manteau en argent repoussé et gravé.

116 — Cinq paires de boucles anciennes en argent de forme ovale, ronde et rectangulaire.

117 — Trois paires de boucles anciennes en argent, de forme ovale, ornées chacune de deux rangs de strass.

118 — Six plaques de bracelets en argent et strass, dont deux montées en broches.

119 — Huit pièces en argent ornées de strass : pendantifs, agrafe, croix, plaque de bracelet et deux cadres.

120 — Dix-huit boutons dépareillés, en argent ornés de strass, marcassite et pierres.

121 — Trente-deux boutons anciens en cuivre et marcassite.

122 — Huit boutons anciens en argent et strass, quatre sont montés en broche et deux en agrafe.

123 — Garniture de boutons anciens composée de vingt et un grands boutons et vingt-trois petits en acier bleui, étoile en nacre et strass.

124 — Quatre pendantifs médaillons ovales, ornés de strass, verre de couleur, marcassite, sujets en émail et ivoire découpé.

125 — Cache-peigne et diadème en argent ornés de strass.

126 — Huit bagues anciennes, cinq en or et trois en argent, ornées de roses, grenat, cailloux du Rhin, pierres vertes, demi-perles et émail.

127 — DEUX MONTRES et UN BOITIER en cuivre ciselé de l'époque Louis XVI, avec émaux entourés de jargon, l'un représentant un paysage, les deux autres, deux portraits de jeunes filles habillées de bleu et rouge.

128 — DEUX MONTRES époque Louis XVI en or ciselé, les boîtiers ornés de nœuds de rubans, palmes et perlés, l'une avec émail, portrait de femme.

129 — UNE MONTRE de dame, une chaîne, un tour de cou et une chaînette en or.

130 — SEPT CHATELAINES en cuivre ciselé et doré, ornées des attributs de l'Amour, corbeilles de fleurs, sujets divers, etc.

131 à 150 — Sous ces numéros seront vendus environ soixante pièces d'argenterie de table et d'objets de vitrine de différents styles.

MEUBLES ANCIENS

SIÈGES ET PARAVENTS GARNIS EN TAPISSERIE
BOIS SCULPTÉ

151 — CHAISE à pieds tors garnie de tapisserie au point. Époque Louis XIII.

152 — SIX CHAISES Louis XIII.

153 — FAUTEUIL Louis XIII.

154 — FAUTEUIL Louis XIII.

155 — Six chaises Louis XIII.

156 — Chaise garnie de tapisserie au point. Époque Louis XIII.

157 — Paravent à trois feuilles, décoré de tapisseries. Époque de la Renaissance.

158 — Deux vitrines plaquées d'écaille et verre églomisé, sur tables à pieds tors. Époque Louis XIII.

159 — Fauteuil à dossier recouvert, garni de tapisseries au point. Époque Louis XIV.

160 — Deux chaises en bois sculpté, à pieds de biche, ancienne dorure. Époque Louis XIV.

161 — Écran en bois sculpté, garni d'une tapisserie d'Aubusson représentant *Le Coq et le Renard*, revers en tapisserie au point. Époque Louis XIV.

162 — Deux lampadaires représentant deux nègres en bois sculpté, peint et doré. Époque Louis XIV.

163 — Écusson en bois sculpté, représentant des armoiries tenueses de deux lions héraldiques. Époque Louis XIV.

164 — Table console à pieds de biche, en bois sculpté et doré, à décor de mascarons et de têtes de satyres, dessus en marbre rouge. Style Louis XIV.

165 — Fauteuil de la Régence, garni de tapisseries au point.

166 — Chaise chauffeuse, en bois sculpté et laqué blanc. Époque Régence.

167 — CHAISE en bois sculpté et doré, garnie en damas de soie rouge. Époque Régence.

168 — PETIT TABOURET en bois sculpté et doré, recouvert de tapisserie. Style Régence.

169 — FAUTEUIL garni de tapisseries au point à fond noir. Époque Louis XV.

170 — PETIT FAUTEUIL bergère, garni de velours d'Utrecht. Époque Louis XV.

171 — BERGÈRE en bois sculpté, garnie en blanc. Époque Louis XV.

172 — CHAISE LONGUE, en deux parties, recouverte d'étoffe verte. Style Louis XV.

173 — SIX FAUTEUILS, en bois sculpté et doré, dossiers à lyre, sièges recouverts de tapisseries à décor de guirlandes de fleurs et branches de lauriers entourant une couronne de comte. Style Louis XVI.

174 — PETITE TABLE BUREAU en bois de rose. Époque Louis XV.

175 — PETITE COMMODE de forme contournée bois de placage ornée de bronzes, dessus de marbre. Époque Louis XV.

176 — DEUX MEUBLES d'encoignure en bois de placage, ornés de bronzes, avec dessus de marbre. Époque Louis XV.

177 — PETITE COMMODE à trois tiroirs, en bois de placage; ornée de bronze; dessus de marbre. Époque Louis XV.

178 — TABLE CONSOLE à quatre faces, en bois sculpté et doré, dessus de marbre, fleur de pêcher. Style Louis XV.

179 — Trois chaises à dossier lyre, en bois sculpté et doré. Époque Louis XVI.

180 — Fauteuil de bureau en acajou sculpté. Époque Louis XVI.

181 — Petit fauteuil, laqué blanc, garni de tapisserie au point. Époque Louis XVI.

182 — Canapé à dossier médaillon, en bois sculpté et laqué blanc. Époque Louis XVI.

183 — Canapé en bois sculpté et doré de style Louis XVI à accotoirs à têtes de béliers ; siège et dossier garnis de soie de l'époque Louis XVI, brochée, à rayures vertes et guirlandes de fleurs.

184 — Deux petits fauteuils de style Louis XVI, en bois doré et sculpté, dossiers à lyre, sièges garnis de tapisseries anciennes d'Aubusson à décor de paysages, guirlandes de fleurs et attributs sur fond rose.

185 — Petit canapé forme marquise en bois sculpté et laqué gris, recouvert d'étoffe imprimée à fleurs. Style Louis XVI.

186 — Mobilier de salon composé d'un canapé et de six fauteuils en bois sculpté et laqué blanc, garni de tapisseries à médaillons, personnages et animaux dans des encadrements de fleurs. Style Louis XVI.

187 — Écran à deux faces en bois sculpté et doré, garni de soie brochée, à bouquets sur fond crème. Style Louis XVI.

188 — Deux consoles appliques, en bois sculpté et doré. Époque Louis XVI.

175 189 — CONSOLE d'entre-deux à coins arrondis, quatre pieds cannelés et tablette d'entrejambe en acajou. Dessus de marbre gris. Époque Louis XVI.

330 190 — PETIT BUREAU en acajou; la partie supérieure ouvrant à deux portes et deux tiroirs. Dessus de marbre blanc et galerie ajourée en cuivre. Époque Louis XVI.

191 — PETITE TABLE BUREAU à quatre pieds en gaines, en bois de placage, dessus de maroquin. Époque Louis XVI.

160 192 — GUÉRIDON à quatre pieds en acajou, dessus de marbre blanc et galerie. Époque Louis XVI.

193 — PETITE TABLE BUREAU en acajou et dessus de marbre brèche. Époque Louis XVI.

300 194 — ARMOIRE en bois de chêne sculpté. Époque Louis XVI.

195 — ÉCRAN en bois sculpté peint blanc et or, garni d'une soierie à rayures. Style Louis XVI.

196 — FAUTEUIL de bureau en acajou sculpté, dossier tournant, siège recouvert de cuir. Époque de la Restauration.

821 197 — TABLE A JEU Louis XVI, marqueterie à fleurs et motifs divers sur fond de bois de rose.

198 — DEUX STATUETTES en bois sculpté et peint représentant deux nègres. Époque Louis XIV.

199 — TABLE A JEU avec dessus à damier, en marqueterie de bois.

200 — VITRINE ouvrant à deux portes, à fond de glace et côtés vitrés, en acajou.

201 — Vitrine en glace avec encadrement mouluré en cuivre doré.

202 — Deux grandes vitrines en bois noir rehaussé de dorure, ouvrant à une porte à glace.

203 — Meuble étagère d'encoignure en acajou.

204 — Petite console support, en bois sculpté et doré, ornée d'un mascaron à tête de femme et supportée par deux lions.

205 — Deux bergères forme gondole, en bois sculpté, garnie en blanc. Époque Louis XV.

206 — Cadre de Christ en bois sculpté, dorure ancienne, à dessin d'ornements courants, coins et milieux. Époque Louis XIV.

207 — Cadre en bois sculpté, dorure ancienne. Époque Régence.

Haut., 0 m. 74; larg., 0 m. 59.

208 — Cadre en bois sculpté et doré époque Louis XV, entourant une tapisserie représentant un portrait de jeune femme. Signé : L. C. 1783.

Haut., 0 m. 65; larg., 0 m. 45.

209 — Cadre en bois sculpté et doré, de forme rectangulaire, entourant un ovale inscrit à l'intérieur. Style Louis XV.

Haut., 0 m. 81; larg., 0 m. 65.

210 — Quatre baguettes formant cadre, à décor de feuilles d'eau et perles. Époque Louis XVI.

Environ 3 m. 50.

255

211 — **G**RAND **CADRE** formé de baguettes en bois sculpté, blanc et or, à dessin de guirlandes de feuilles de chêne dorées, entourant un montant simulant un faisceau de baguettes. Époque Louis XVI.

Environ 12 m. 60.

212 — **B**AGUETTES en bois sculpté, blanc et or ; à décor de feuilles d'eau. Époque Louis XVI.

Environ 12 mètres.

213 — **B**AGUETTES en bois sculpté, à décor de ruban et de perles. Époque Louis XVI.

Environ 32 mètres.

217

214 — **B**AGUETTES en bois sculpté, dorure ancienne, à décor d'entrelacs. Époque Louis XVI.

Environ 16 m. 80.

TAPISSERIES

BORDURES

1.205

215 — **T**APISSERIE à sujet tiré de l'Histoire d'Alexandre, encadrée de bordures ornées de personnages, de guirlandes de fleurs et de fruits. Époque de la Renaissance.

Haut., 2 m. 65; larg., 2 m. 40.

2.150

216 — **P**ANNEAU en tapisserie de la fabrique de Bruxelles, à sujet représentant : *Le Départ pour la chasse au faucon*. Entouré de larges bordures, à décor de personnages et de corbeilles de fruits. Époque de la Renaissance.

Haut., 2 m. 50; larg., 1 m. 80.

500 217 — TAPISSERIE flamande, représentant une chasse d'animaux fantastiques. Fin du xvie siècle.

Haut., 2 m. 20; larg., 2 m. 85.

170 218 — PANNEAU en tapisserie de la fin du xvie siècle.

Haut., 1 m. 90; larg., 0 m. 90.

225 219 — PANNEAU en tapisserie de la fin du xvie siècle.

Haut., 2 m. 60; larg., 1 m. 87.

230 220 — TAPISSERIE verdure. Époque Louis XIII.

Haut., 1 m. 85; larg., 2 m. 00.

1.020 221 — PANNEAU de tapisserie représentant : *Le Départ pour
la chasse.*

Haut., 2 m. 00; larg., 1 m. 60.

222 — TAPISSERIE de la fabrique d'Aubusson représentant :
2.380 *La Chasse au cerf.* Entourée de bordures à guirlandes
de fleurs. Époque Louis XIV.

Haut., 2 m. 70; larg., 4 m. 50.

900 223 — TAPISSERIE verdure, entourée de bordures à décor de
rinceaux et de feuillages. Époque Louis XIV.

Haut., 2 m. 55; larg., 2 m. 25.

400 224 — PANNEAU en tapisserie verdure d'Aubusson, encadré
de bordures à guirlandes de fleurs. Époque Louis XIV.

Haut., 2 m. 90; larg., 1 m. 75.

1.800 225 — GRANDE TAPISSERIE verdure d'Aubusson, encadrée de
bordures à guirlandes de fruit. Époque Louis XIV.

Haut., 2 m. 85; larg., 5 m. 10.

330   226 — PANNEAU en tapisserie verdure d'Aubusson. Époque
Louis XIV.

> Haut., 2 m. 40; larg., 1 m. 20.

400   227 — PANNEAU en tapisserie verdure d'Aubusson, encadré
de bordures à guirlandes de fleurs. Époque Louis XIV.

> Haut., 2 m. 20; larg., 1 m. 5o.

150   228 — TAPISSERIE verdure de la fabrique de Felletin, représentant un paysage orné de palmiers et d'arbustes cou-
verts de fleurs, encadré de bordures à rinceaux fleuris.
Époque Louis XIV.

> Haut., 2 m. 3o; larg., 1 m. 25.

190   229 — PETIT PANNEAU en tapisserie verdure. Époque
XVIIe siècle.

> Haut., 1 m. o5; larg., 1 m. 35.

1.600   230 — TAPISSERIE d'Aubusson. Composition d'après Oudry,
représentant un chien en arrêt devant des perdrix. Bordures à rubans entourant des grappes de raisin. Époque
Louis XV.

> Haut., 2 m. 55; larg., 3 m. 55.

1.300   231 — PANNEAU en tapisserie d'Aubusson : *Berger offrant
un oiseau à sa bergère.* Époque Louis XV.

> Haut., 2 m. 20; larg., 1 m. 3o

625   232 PETIT PANNEAU en tapisserie d'Aubusson. Composition
représentant : *La Bergère surprise.* Bordures à guirlandes de fleurs. Époque Louis XV.

> Haut., 2 m. 35; larg., o m. 90.

850   233 — PANNEAU en tapisserie d'Aubusson, à sujet représentant un berger endormi. Bordures modernes. Époque
Louis XV.

> Haut., 2 m. o5; larg., 1 m. 55.

295 234 — **Panneau** en tapisserie d'Aubusson, représentant :
L'Oiseau favori. Époque Louis XV.

Haut., 1 m. 65; larg., o m. 80.

435 235 — **Petit panneau** de tapisserie d'Aubusson, représentant : *Le Saut à la corde.* Époque Louis XV.

Haut., 1 m. 95; larg., o m. 75.

1.550 236 — **Tapisserie** d'Aubusson, représentant : *Le Jeu de la balançoire.* Époque Louis XV.

Haut., 2 m. 60; larg., 4 m. 75.

845 237 — **Tapisserie** verdure de la fabrique d'Aubusson, à dessin d'après les compositions de Pillement. Époque Louis XV.

Haut., 2 m. 65; larg., 2 m. 75.

1.655 238 — **Tapisserie** verdure de la fabrique de Felletin. Composition d'après les dessins de Pillement. Époque Louis XV.

Haut., 2 m. 65; larg., 4 m. 10.

2.655 239 — **Tapisserie** d'Aubusson, représentant : *Le Jeu de colin-maillard.* Bordures à guirlandes de fleurs. Époque Louis XV.

Haut., 2 m. 60; larg., 2 m. 80.

180 240 — **Panneau** en tapisserie verdure d'Aubusson, encadré de bordures à décor de trophées guerriers et d'instruments de musique. Époque Louis XV.

Haut., 2 m. 65; larg., o m. 75.

560 241 — **Lot de trois morceaux** de tapisseries. Époque Renaissance.

400 242 — **Lot de dix morceaux** de tapisseries verdure. Époque XVIIe siècle.

1.200 243 — LOT DE DIX MORCEAUX de tapisseries de diverses époques.

244 — LOT DE DIX MORCEAUX de tapisseries diverses.

245 — LOT DE VINGT MORCEAUX de tapisseries verdure.

960 246 — LOT DE DIX MORCEAUX de tapisseries à personnages de diverses époques.

510 247 — LOT DE DIX MORCEAUX de tapisseries verdure de diverses époques.

280 248 — LOT DE DIX MORCEAUX de verdure de diverses époques.

350 249 — LOT DE DIX MORCEAUX de tapisseries diverses.

200 250 — LOT DE VINGT MORCEAUX de tapisseries de diverses fabriques.

340 251 — LOT DE VINGT MORCEAUX de tapisseries diverses.

300 252 — BORDURES en tapisserie de Paris. Époque Louis XIII.

Environ 6 m. 75.

510 253 — CANTONNIÈRE en tapisserie de Bruxelles. Époque Louis XIV.

Environ 3 m. 80.

610 254 — CANTONNIÈRE en tapisserie de Bruxelles. Époque Louis XIV.

Environ 4 m. 40.

255 — LOT DE SIX BORDURES diverses. Époque Louis XIV.

Environ 11 m. 40.

256 — LOT DE QUINZE MORCEAUX de bordures. Époque Louis XIV.

Environ 8 m. 50.

257 — Deux bordures de tapisserie de Flandre. Époque Louis XIV.

Environ 7 m. 35.

258 — Bordures en tapisserie flamande à guirlandes de fleurs. Époque Louis XIV.

Environ 6 mètres.

259 — Lot de cinq bordures de tapisseries. Époque Louis XIV.

Environ 11 mètres.

260 — Montant en tapisserie de Bruxelles, à décor de trophées et de bouquets de fleurs. Époque Louis XIV.

Environ 3 m. 50.

261 — Une traverse et un montant en tapisserie de Flandre, à décor de fleurs et de fruits. Époque Louis XIV.

Environ 8 m. 50.

262 — Bordures en tapisserie flamande à décor de carquois et de vases garnis de fleurs. Époque Louis XIV.

Environ 7 m. 50.

263 — Deux montants et une traverse en tapisserie de Bruxelles, à décor de fleurs et de fruits. Époque Louis XIV.

Environ 9 m. 25.

264 — Deux traverses en tapisserie de Flandre à décor de coquilles, de fruits et de têtes de lion. Époque Louis XIV.

Environ 4 m. 85.

265 — Lot de bordures en tapisserie de Flandre. Époque Louis XIV.

Environ 13 m, 80.

330

266 — MONTANT DE BORDURE en tapisserie de Bruxelles, à décor de vases et de guirlandes de fleurs. Époque Louis XIV.

Environ 2 m. 50.

267 BORDURES en tapisserie d'Aubusson, à décor de rinceaux et de fleurs. Époque Louis XIV.

Environ 4 m. 75.

268 — TAPIS de table en tapisserie au point, à motif central représentant un cerf aux abois. Époque Louis XIV.

Haut., 1 m. 00; larg., 1 m. 38.

269 — LOT DE SIX PIÈCES de tapisserie au point. Époque Louis XIV.

270 — LOT DE DIX LAMBREQUINS et bandes de tapisserie au point. Époque Louis XIV.

271 — LOT DE DIX BANDES ou lambrequins en tapisserie au point. Époque Louis XIV.

272 — LOT DE DIX MORCEAUX de tapisserie au point. Époque Louis XIV.

273 — ÉCRAN en tapisserie au point à petits personnages. Époque Louis XIV.

Haut., 0 m. 75; larg, 0 m. 62.

420

274 — SIÈGE et dossier de canapé en tapisserie au point, à décor de rinceaux et de médaillons animés de petits personnages. Époque Louis XIV.

1°) Haut, 0 m. 95; larg., 1 m. 90.
2°) Haut., 1 m. 00; larg., 1 m. 70.

275 LOT DE TAPISSERIE au point, provenant d'une garniture de lit. Époque Louis XIV.

Environ 4 mètres.

276 — Lot de dix pièces de tapisserie au point : Huit sièges et deux bandes. Époque Louis XIV.

277 — Lot de cinq écrans en tapisserie au point. Époque Louis XIV.

278 — Lot de vingt pièces de tapisserie au point, lambrequins, dossiers, etc., de diverses époques.

279 — Lot de vingt morceaux de tapisserie au point de diverses époques.

280 — Lot de vingt morceaux de tapisserie au point de diverses époques.

281 — Lot de quatorze pièces de tapisserie au point, de diverses époques.

ÉTOFFES ANCIENNES

FRANGES — GALONS

282 — Trois tapis à dessins en broderie au plumetis sur fond de satin. Époque Renaissance.

1°) Haut., 2 m. 10; larg., 1 m. 30.
2°) Haut., 1 m. 85; larg., 1 m. 10.
3°) Haut., 2 m. 45; larg., 1 m. 90.

283 — Devant d'autel en velours et broderies. Époque Renaissance.

Haut., 2 m.; larg., 1 m. 10.

284 — TROIS GRANDS PANNEAUX de velours bleu pervenche, ornés de dessins en soie blanche figurant une croix de Malte et un calice entourés de rinceaux de feuillages. Époque Renaissance.

Environ 9 m. 20.

285 — NEUF BANDES DE BRODERIES d'argent sur fond de velours. Époque Renaissance.

Environ 9 m. 50.

286 — LOT DE BRODERIES à dessin de feuillages or sur fond de velours rouge. Époque Renaissance.

Environ 14 m. 50.

287 — CINQ COUVERTURES en toile, ornées de dessins en broderies au passé et au point de chaînette. Époque fin du xvie siècle.

1°) Haut., 2 m. 25; larg., 1 m. 55.
2°) Haut., 2 m. 25; larg., 1 m. 45.
3°) Haut., 2 m. 28; larg., 1 m. 55.
4°) Haut., 2 m. 50; larg., 1 m. 70.
5°) Haut., 2 m. 90; larg., 2 m. 45.

288 — DAMAS de soie de couleur olive, à petits dessins, formant une couverture de lit. Époque Louis XIII.

Environ 8 mètres.

289 — DAMAS de soie de couleur verte, à petits dessins, orné de petites franges, et formant une garniture de lit. Époque Louis XIII.

Environ 40 mètres.

290 — COUVERTURE DE LIT en toile jaune ornée d'armoiries brodées au passé et figurant un aigle bicéphale entouré de guirlandes de fleurs et d'ornements polychromes. Époque Louis XIII.

Haut., 2 m. 30; larg., 1 m. 95.

291 — Pièce de soie brochée, à larges rayures roses sur fond crème à semis de fleurs. Époque Louis XIII.

Environ 7 mètres.

292 — Damas de soie de couleur verte de style Louis XIII.

Environ 13 mètres.

293 — Damas de soie de couleur verte, à grands dessins de style Louis XIII.

Environ 8 m. 40.

294 — Couverture de lit en damas de soie de couleur verte, à petits dessins, de style Louis XIII.

Environ 13 m. 75.

295 — Lot de damas rouge. Époque Louis XIV.

Environ 29 mètres.

296 — Lot de damas rouge. Époque Louis XIV.

Environ 63 mètres.

297 — Lot de soie brochée, à décor de paniers et de bouquets de fleurs sur fond crème. Époque Louis XIV.

Environ 6 m. 30.

298 — Lot de brocatelle de soie de couleur rouge, à grand dessin. Époque Louis XIV.

Environ 55 mètres.

299 — Lot de brocatelle de soie de couleur crème à dessin vert. Époque Louis XIV.

Environ 65 mètres.

300 — Deux feuilles de paravent en broderies au passé, à décor de personnages et armoiries. Époque Louis XIV.

1°) Haut., 1 m. 65; larg., 0 m. 74.
2°) Haut., 1 m. 70; larg., 0 m. 72.

301 — Garniture de lit en moire bleue, soutachée de galons jaunes, composée de deux lambrequins et d'un couvre-lit. Époque Louis XIV.

1°) Haut., 9 m. 00; larg., 0 m. 25.
2°) Haut., 3 m. 70; larg., 0 m. 60.
3°) Haut., 2 m. 00; larg., 1 m. 65.

302 — Fond de lit, orné d'applications de soie réséda sur fond de satin jaune. Époque Louis XIV.

Haut., 2 m. 00; larg., 1 m. 50.

210

303 — Devant d'autel en broderies d'applications, à grand dessin de feuillages et d'ornements sur fond rouge. Époque Louis XIV.

Haut., 2 m. 00; larg., 0 m. 75.

260

304 — Chape en brocart d'argent décoré de fleurs sur fond bleu. Époque Louis XIV.

305 — Lot composé de divers lambrequins et couvertures de lit, décorés de broderies sur fond de drap. Époque Louis XIV.

306 — Deux tapis en brocart. Époque XVIIe siècle.

1°) Haut., 1 m. 15; larg., 1 m. 10.
2°) Haut., 1 m. 70; larg., 0 m. 70.

307 — Lot de brocarts lamés d'or et d'argent. Époque XVIIe siècle.

Environ 3 m. 60.

230

308 — Quatre pièces de brocart à fond vert lamé d'or et d'argent à grands dessins. Époque XVIIe siècle.

Environ 7 mètres.

3o9 — Quatre pièces d'étoffes de soie brochée, à décor de bouquets de fleurs polychromes sur fond crème. Époque xvii° siècle.

Environ 7 mètres.

3ro — Deux tapis de pieds à dessin vert et rouge sur fond jaune. xvii° siècle.

1°) Haut., 2 m. 20; larg., o m. 6o.
2°) Haut., 1 m. 10; larg., o m. 6o.

3rr — Deux pièces de brocart à décor d'arabesques sur fond bleu turquoise. Époque Louis XV.

Haut., 5 m. 3o; larg., o m. 55.

3r2 — Grande pièce de brocart d'or à grands dessins sur fond vert. Époque Louis XV.

Environ 4 m. 75.

3r3 — Trois pièces de brocart d'or et d'argent. Époque Louis XV.

Environ 9 m. 6o.

3r4 — Cinq pièces de brocart d'argent. Époque Louis XV.

Environ 10 mètres.

3r5 — Deux pièces de soie brochée à décor de paysages sur fond jaune. Époque Louis XV.

Environ 8 mètres.

3r6 — Lot de quatre pièces de soie brochée à décor de grandes fleurs sur fond de couleur. Époque Louis XV.

Environ 26 mètres.

3r7 — Lot de trois pièces de brocart à grandes fleurs sur fond blanc. Époque Louis XV.

Environ 5 m. 55.

272

318 — Lot de lampas de soie à grands dessins jaunes sur fond rouge. Époque Louis XV.

Environ 20 mètres.

319 — Quatre rideaux en soie brochée, ornée de bouquets rouges sur fond vert. Époque Louis XV.

Haut., 2 m. 45; larg., 0 m. 70.

300

320 — Chape en brocart d'or à décor de guirlandes de roses sur fond bleu. Époque Louis XV.

321 — Chape en brocart d'or sur fond crême. Époque Louis XV.

322 — Deux chapes, une chasuble et diverses pièces de brocart d'or ou d'argent à dessins différents. Époque Louis XV.

Environ 6 mètres.

323 — Trois tuniques et une chasuble en brocart d'or et d'argent de dessins divers. Époque Louis XV.

Environ 6 m. 50.

324 — Lot de damas de soie de couleur verte à grands dessins de style Louis XV.

Environ 40 m. 50.

325 — Brocart à décor de guirlandes de fleurs sur fond jaune. Époque Louis XVI.

Environ 3 m. 75.

326 — Lot de soie brochée à bouquets de fleurs sur fond vert. Époque Louis XVI.

Environ 8 mètres.

210

327 — Velours rouge grenat, uni. Époque Louis XVI.

Environ 29 mètres.

328 — Lot d'étoffe en satin rose. Époque Louis XVI.

Environ 14 mètres.

500 329 — Lot de lampes vieux vert, à décor de médaillons, amours et guirlandes de fleurs, de style Louis XVI.

Environ 63 mètres.

330 — Lot de damas de soie, vert olive, à grands dessins, de style Louis XVI.

Environ 33 mètres.

331 — Huit pièces de brocart lamé d'or et d'argent à décor de rinceaux et de fleurs sur fond crème. Époque xviiiᵉ siècle.

Environ 8 m. 75.

300 332 — Quatre pièces de brocart de soie rose lamée d'argent. Époque xviiiᵉ siècle.

Environ 6 m. 70.

333 — Deux pièces de brocart fond violet lamé d'or à décor de rinceaux et de fleurs. Époque xviiiᵉ siècle.

Environ 5 mètres.

334 — Deux pièces de brocart lamé d'or et d'argent à décor de bouquets de fleurs. Époque xviiiᵉ siècle.

Environ 3 m. 30.

335 — Tapis de table, travail persan orné de broderies au point de chaînettes sur fond de drap rouge, bordure offrant les mêmes broderies sur fond bleu. Époque xviiiᵉ siècle.

Haut., 2 m. 00; larg., 1 m. 45.

336 — Un habit et treize gilets en satin ou en soie, ornés de broderies au passé et au point de chaînette. Époque xviiiᵉ siècle.

580

337 — Lot de vingt et un morceaux de broderies au point de chaînette sur fond de soie ou de satin. Époque xviii° siècle.

Environ 23 mètres.

338 — Tapis espagnol en soie réséda, orné de broderies au point de chaînette, de couleur rose, représentant des bouquets de fleurs et des guirlandes de feuillage. Époque de l'Empire.

Haut., 1 m. 75; larg., 1 m. 30.

339 — Deux couvertures de lit en toile de Jouy, à décor de médaillons représentant divers monuments de Paris, sur fond rouge. Époque de la Restauration.

300

340 — Lot de damas vert à petit dessin de bouquets de fleurs.

Environ 28 m. 50.

341 — Lot de damas de soie de couleur verte.

Environ 18 mètres.

342 — Pièce de brocart de soie à fond rouge brique lamé d'or à petits dessins, entouré de petites dentelles et franges d'or.

Environ 2 m. 50.

343 — Lot de sept pièces de brocart lamé d'or et d'argent.

Environ 20 mètres.

344 — Six pièces de brocart de diverses époques à décor de bouquets de fleurs.

Environ 8 mètres.

345 — Velours rouge cerise.

Environ 20 mètres.

1.500   346 — Lot de velours grenat uni.

> Environ 100 mètres.

347 — Lot d'étoffes en satin bleu de diverses époques.

> Environ 30 mètres.

348 — Lot d'étoffes en satin uni de diverses nuances.

> Environ 34 mètres.

349 — Dossier et couverture de lit en brocatelle à rayures rouges, vertes et jaunes.

> 1°) Haut., 1 m. 20; larg., 1 m. 40.
> 2°) Haut., 2 m. 00; larg., 2 m. 50.

350 — Couverture de lit en satin bouton d'or, ornée de broderies au passé représentant des guirlandes de fleurs.

> Haut., 2 m. 35; larg., 1 m. 80.

470   351 — Quatre couvertures de lit en satin ornées de broderies au passé, représentant des personnages et des fleurs.

> 1°) Haut., 2 m. 90; larg., 2 m. 35.
> 2°) Haut., 2 m. 50; larg., 1 m. 10.
> 3°) Haut., 2 m. 90; larg., 2 m. 35.
> 4°) Haut., 2 m. 75; larg., 2 m. 45.

250   352 — Tapis en satin blanc, orné de broderies au passé, représentant au centre un aigle bicéphale, entouré de semis d'oiseaux, de papillons et de fleurs, encadré de bordures à rinceaux ornés de fleurs et d'oiseaux.

> Haut., 2 m. 40; larg., 1 m. 95.

353 — Six petits panneaux et deux embrasses en soie jaune, ornés de broderies en applications de soie de diverses couleurs.

> Environ 5 m. 10.

354 — Lot de petits galons or et verts. Époque de la Renaissance.

Environ 60 mètres.

355 — Lot de franges de couleur rouge et jaune. Époque de la Renaissance.

Haut., 0 m. 25; larg., 3 m. 25.

356 — Lot de franges. Époque de la Renaissance.

Environ 5 m. 60.

357 — Lot de franges de diverses couleurs. Époque de la Renaissance.

Environ 9 mètres.

358 — Franges polychromes à pompons. Époque Louis XIV.

Environ 11 mètres.

359 — Franges polychromes à pompons. Époque Louis XIV.

Environ 6 mètres.

360 — Franges polychromes à pompons. Époque Louis XIV.

Environ 12 mètres.

361 — Lot de petites franges de soie bleue, à pompons. Époque de Louis XIV.

Environ 25 mètres.

362 — Lot de petites franges. Époque Louis XIV.

Environ 14 mètres.

363 — Lot de franges, de couleurs diverses. Époque Louis XIV.

Environ 24 mètres.

364 — Lot de franges de couleur jaune. Époque Louis XV.

Environ 30 mètres.

190

365 — Lot de galons en velours de Gênes. Époque Louis XV.

Environ 35 mètres.

366 — Lot de franges. Époque Louis XVI.

Environ 60 mètres.

367 — Lot de galons. Époque Louis XVI.

Environ 31 mètres.

125

368 — Lot de galons en satin rose, à dessins blancs, imitant la dentelle, et deux ceintures. Époque Louis XVI.

Environ 22 mètres.

369 — Lot de galons en velours de diverses couleurs.

Environ 64 mètres.

370 — Lot de galons dorés de diverses époques.

Environ 155 mètres.

371 — Lot de galons de diverses époques.

Environ 100 mètres.

372 — Lot de petites franges à pompons.

Environ 34 mètres.

373 — Lot de petites franges de diverses couleurs.

Environ 100 mètres.

16016. — Lib.-Imp. réunies, rue Saint-Benoît, 7, Paris.

www.ingramcontent.com/pod-product-compliance
Ingram Content Group UK Ltd.
Pitfield, Milton Keynes, MK11 3LW, UK
UKHW031755170726
13836UKWH00002B/999